Margaret Fishback Powers
In seinen Spuren gehen

Margaret Fishback Powers

In seinen Spuren gehen

Von der Autorin des weltbekannten
Gedichtes „Spuren im Sand“

Brendow
Buch · Kunst · Verlag

Spuren im Sand

Eines Nachts hatte ich einen Traum.
Ich ging am Meer entlang mit meinem Herrn.
Vor dem dunklen Nachthimmel erstrahlten,
Streiflichtern gleich, Bilder aus meinem Leben.
Und jedesmal sah ich zwei Fußspuren im
Sand,
meine eigene und die meines Herrn.

Als das letzte Bild an meinen Augen
vorübergezogen war,
blickte ich zurück.
Ich erschrak, als ich entdeckte,
daß an vielen Stellen meines Lebensweges
nur eine Spur zu sehen war.
Und das waren gerade die schwersten Zeiten
meines Lebens.

Besorgt fragte ich den Herrn:
„Herr, als ich anfing, dir nachzufolgen,
da hast du mir versprochen,
auf allen Wegen bei mir zu sein.
Aber jetzt entdecke ich,
daß in den schwersten Zeiten meines Lebens
nur eine Spur im Sand zu sehen ist.
Warum hast du mich allein gelassen,
als ich dich am meisten brauchte?"

Da antwortete er: „Mein liebes Kind,
ich liebe dich und werde dich nie allein lassen,
erst recht nicht in Nöten und Schwierigkeiten.
Dort, wo du nur eine Spur gesehen hast,
da habe ich dich getragen."

Vorwort

In all den Jahren, seitdem ich das Gedicht „Spuren im Sand“ geschrieben habe – und auch schon in der Zeit davor –, haben mein Mann Paul und ich tausende Zitate, Gedanken, Sprichwörter und Redewendungen gesammelt. Wir haben sie oft hastig irgendwo notiert: in unserer Bibel, im Tagebuch oder auf einem Notizblock genauso wie auf Papierservietten oder selbst auf Tischdeckchen. Viele davon sind mir eingefallen, während Paul predigte. Er hat eine besondere Gabe, bestimmte „Leitgedanken“ – wie er sie nennt – zu verwenden.

Diese Sammlung von Gedanken, die ich über viele Jahre hinweg aufgeschrieben habe, steht nicht nur für die Höhen und Tiefen in meinem Leben, sondern sie zeigt auch Got-

tes unaufhörliche Treue und Güte für alle, die seiner rettenden Gnade vertrauen.
Einige dieser Gedanken kamen mir, als ich über mich selbst und meine Fehler lachen mußte, andere fielen mir ein, als ich mal wieder ganz obenauf war. Sie sollten mich wohl daran erinnern, wer mich auf diesen erhöhten Platz gesetzt hatte ...
Manche habe ich von meinen Töchtern aufgeschnappt, und andere wiederum kamen direkt aus den „Mündern von Babys" – Menschen, die gerade erst zum Glauben an Gott gefunden hatten und ihrem Vertrauen zu Jesus und ihrem Glauben Ausdruck verleihen wollten.
Andere Gedanken fielen mir ein, als ich hörte, wie Gott das Gedicht „Spuren im Sand" benutzt hatte, um Menschen zu ermutigen, ihnen neue Hoffnung zu geben oder sie neu aufzubauen. Genauso wie das Gedicht zielen auch diese Gedanken auf das größte Verspre-

chen Gottes ab: „Ich werde dich niemals verlassen!"

Eine meiner Freundinnen, Jody Bergsma, ist Künstlerin. Sie hat eine Karte entworfen, die in unserer Bibel liegt. Das Bild zeigt eine Mutter, die mit ihrem Kind Hand in Hand spazierengeht. Die Unterschrift lautet: „Eltern halten die Hände ihrer Kinder nur für eine Weile, aber die Herzen behalten sie für immer!" Genauso ist es mit unserer Beziehung zu Gott. Auch wenn wir seine Hand loslassen, hält er uns in seinem Herzen für immer fest. Und wenn wir den Eindruck haben, daß Gott nicht mehr da ist, wenn wir durchs Leben gehen, sollten wir uns fragen: Wer hat wen verlassen?

Gott verläßt uns auf keinen Fall, denn er hat versprochen: „Ich will dich niemals verlassen!"

Um in den Spuren des Herrn zu gehen, brauchen wir Hilfe, Humor und Bescheidenheit. Ich wünsche mir, daß Sie selbst und die Menschen, mit denen Sie leben, beim Lesen dieser Gedanken ermutigt werden. Besonders wünsche ich mir das für diejenigen, die das Leben als einen ständigen Kampf empfinden. Wer wollte bestreiten, daß diese Welt viel Trost und Hoffnung braucht.

Margaret Fishback Powers
Autorin des Gedichts „Spuren im Sand“

Wohin dich die Spuren Gottes auch führen mögen, seine Gnade wird dich dort versorgen.

Gepriesen sei der Herr, der Gott Israels, der einzige, der Wunder vollbringt!

Psalm 72, 18

Wenn wir die Herzen unserer Kinder heute nicht erreichen, werden sie uns morgen die Herzen brechen.

(Paul L. Powers)

Laßt die Kinder doch zu mir kommen und hindert sie nicht daran, denn für Menschen wie sie steht Gottes neue Welt offen.

Markus 10, 14

In den Höhlen des Leides findest du Berge von Diamanten.

Am Abend mögen Tränen fließen – am Morgen jubeln wir vor Freude.

Psalm 30, 6

Sieh deine Fehler als Wegweiser, nicht als einen Widerhaken.

Wenn wir aber unsere Verfehlungen eingestehen, können wir damit rechnen, daß Gott treu und gerecht ist: Er wird uns dann unsere Verfehlungen vergeben und uns von aller Schuld reinigen, die wir auf uns geladen haben.

1. Johannes 1, 9

Manche Leute verpassen die günstigen Gelegenheiten, weil sie ihnen zu einfach erscheinen.

Jede Arbeit bringt Lohn; aber Geschwätz bringt nur Nachteil.

Sprüche 14, 23

Tu's jetzt! ist mehr als ein Motto: Es ist eine Lebenseinstellung.

Gott sagt: „Wenn die Zeit kommt, daß ich mich über euch erbarme, erhöre ich euch; wenn der Tag eurer Rettung da ist, helfe ich euch." Gebt acht: Jetzt ist die Zeit der Gnade! Jetzt ist der Tag der Rettung!

2. Korinther 6, 2

Egal wie stark deine Befürchtungen sind. Das Schlimmste davon wird niemals eintreffen.

Macht euch keine Sorgen, sondern wendet euch in jeder Lage an Gott und bringt eure Bitten vor ihn. Tut es mit Dank für das, was er euch schon geschenkt hat.

Philipper 4, 6

Befürchtungen verleihen kleinen Dingen einen langen Schatten.

Wer von euch kann durch Sorgen sein Leben auch nur um einen Tag verlängern?

Matthäus 6, 27

Wer eine scharfe Zunge hat, zerschneidet sich selbst die Kehle.

Aus demselben Mund kommen Segen und Fluch. Meine Brüder und Schwestern, das darf nicht sein!

Jakobus 3, 10

Wer aus seinen Verlusten lernt, wird ein Sieger sein.

Bei einem verständigen Menschen richtet ein Verweis mehr aus als hundert Hiebe bei einem uneinsichtigen.

Sprüche 17, 10

Der einzige und sicherste Weg, sich von Feinden zu trennen, ist, sie zu deinen Freunden zu machen.

Euch, die ihr mir zuhört, sage ich: Liebt eure Feinde; tut denen Gutes, die euch hassen.

Lukas 6, 27

Manche Leute nehmen einen tiefen Schluck aus der Quelle der Erkenntnis. Andere gurgeln nur.

Wer durstig ist, soll zu mir kommen und trinken – jeder, der mir vertraut!

Johannes 7, 37-38

Vergiß deine Verfehlungen, aber erinnere dich daran, was sie dich gelehrt haben.

Was auch geschieht, das eine wissen wir: Für die, die Gott lieben, muß alles zu ihrem Heil dienen. Es sind die Menschen, die er nach seinem freien Entschluß berufen hat.

Römer 8, 28

Viele kleine Dinge sind größer, als wir meinen. Könnte eine Tasse Wasser ohne jeden einzelnen Tropfen existieren?

… Wenn euer Vertrauen auch nur so groß ist wie ein Senfkorn … dann wird euch nichts mehr unmöglich sein.

Matthäus 17, 20

Sobald die Seele eines Menschen aufhört zu wachsen, ist der Mensch tot.

Was unsere selbstsüchtige Natur will, führt zum Tod. Was der Geist Gottes will, führt zum Leben, zu Heil und Frieden.

Römer 8, 6

Der Glaube macht immer den ersten Schritt vorwärts.

Da sagte der Herr zu Abram: „Verlaß deine Heimat, deine Sippe und die Familie deines Vaters, und zieh in das Land, das ich dir zeigen werde.“ … Abram folgte dem Befehl des Herrn …

1. Mose 12, 1. 4

Bitterkeit ist wie ein Bumerang. In dem Moment, in dem du sie von dir weg schleuderst, kommt sie zu dir zurück.

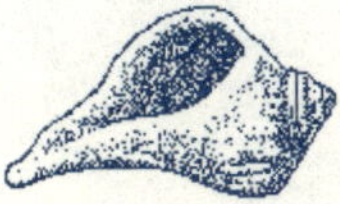

Eine versöhnliche Antwort kühlt den Zorn ab, ein verletzendes Wort heizt ihn an.

Sprüche 15, 1

Miß niemals einen Berg, bevor du den Gipfel nicht erreicht hast. Dann erst wirst du sehen, daß er gar nicht so hoch gewesen ist.

Kein anderer als der Herr ist Gott! Nur er, unser Gott, ist ein schützender Fels! Er ist es, der mir Kraft zum Kämpfen gibt und einen geraden, gut gebahnten Weg.

Psalm 18, 32-33

Gott hat großes Vertrauen in dich gesetzt, als er dich an den Platz stellte, wo du gerade stehst.

Da sagte Maria: „Ich gehöre dem Herrn, ich stehe ihm ganz zur Verfügung. Es soll an mir geschehen, was du gesagt hast.“ Darauf verließ sie der Engel.

Lukas 1, 38

Wir wollen erst dann aufhören, anderen zu vergeben, wenn Jesus aufhört, uns zu vergeben.

Selbst wenn er siebenmal am Tag an dir schuldig wird, sollst du ihm verzeihen, wenn er kommt und sagt: „Es tut mir leid!“

Lukas 17, 4

Wenn uns fröhliche Gedanken kommen, obwohl wir alleine sind, befinden wir uns in guter Gesellschaft.

Ich erinnere mich an früher, an alles, was du damals vollbracht hast; ich denke über deine Taten nach.

Psalm 143, 5

Die Welt ist kein Spielplatz, sondern ein Klassenzimmer.

Laß uns erkennen, wie kurz unser Leben ist, damit wir zur Einsicht kommen!

Psalm 90, 12

Du kannst Gottes Versprechen nicht zerstören, wenn du dich an sie anlehnst.

Wie war es denn bei unserem leiblichen Ahnvater Abraham? ... und zweifelte nicht an der Zusage Gottes, vielmehr wurde sein Glaube nur um so fester.

Römer 4, 1. 20

Solange du selbst Entschuldigungen für deine Fehler findest, werden sie niemals vergeben sein.

Ich weiß, ich habe Unrecht getan, meine Fehler stehen mir immer vor Augen.

Psalm 51, 5

Es kommt mehr auf den eisernen Willen an als auf den Gedankenblitz.

... Wählt das Leben ... Liebt den Herrn, euren Gott! Gehorcht ihm und bleibt ihm treu! Denn davon hängt es ab, ob ihr auf Dauer als Volk besteht ...

5. Mose 30, 19-20

Wer großes Vertrauen hat, kann sich viel zutrauen.

Der König war überglücklich und befahl, Daniel aus der Löwengrube zu holen. Daniel wurde heraufgezogen. Er war völlig unverletzt geblieben, weil er seinem Gott vertraut hatte.

Daniel 6, 24

Wenn unser Glaube stärker wäre, hätte unser Verhalten auch eine andere Größe.

Wenn ihr nur Vertrauen habt, werdet ihr alles bekommen, worum ihr Gott bittet.

Matthäus 21, 22

Ich bin für das Talent verantwortlich, das Gott in mich hineingelegt hat.

... dem einen gab er fünf Zentner Silbergeld, dem anderen zwei Zentner und dem dritten einen, je nach ihren Fähigkeiten ...

Matthäus 25, 15

Selbstverwirklichung ist die erste Regel der Natur. Selbstverleugnung ist die erste Regel der Gnade.

Wer mir folgen will, muß sich und seine Wünsche aufgeben, sein Kreuz auf sich nehmen und auf meinem Weg hinter mir hergehen.

Markus 8, 34

Wer seine Kinder ohne den Glauben erzieht, entfacht einen Wettkampf talentierter Teufel.

(Herzog von Wellington)

Bring einem Kind am Anfang seines Lebens gute Gewohnheiten bei, es wird sie auch im Alter nicht vergessen.

Sprüche 22, 6

Denk weniger an deine Rechte und mehr an deine Pflichten.

Macht euch nichts vor. Gott läßt keinen Spott mit sich treiben. Jeder Mensch wird ernten, was er gesät hat.

Galater 6, 7

Die Hinwendung zu Christus macht aus nutzlosen Sündern brauchbare Heilige.

Wenn also ein Mensch zu Christus gehört, ist er schon „neue Schöpfung". Was er früher war, ist vorbei; etwas ganz Neues hat begonnen.

2. Korinther 5, 17

Die größte Ehre für Gott ist ein Mensch, der vor Lebensfreude sprüht.

(Irenäus)

Du siehst also: Sein Glaube (Abrahams) und seine Taten wirkten zusammen; sein Glaube wurde durch sein Tun vollkommen ... Er wird sogar Freund Gottes genannt.

Jakobus 2, 22-23

Ärger entsteht, wenn wir uns zum Vormund unseres Bruders aufschwingen und aufhören, sein Freund zu sein.

Denkt nicht an euren eigenen Vorteil, sondern an den der anderen, jeder und jede von von! Habt im Umgang miteinander stets vor Augen, was für einen Maßstab Jesus Christus gesetzt hat.

Philipper 2, 4-5

Die schwierigste Frage im Leben ist nicht, wie groß dein Glaube ist, sondern wie groß deine Liebe ist.

Liebe den Herrn, deinen Gott, von ganzem Herzen, mit ganzem Willen, mit aller deiner Kraft und deinem ganzen Verstand. Und: Liebe deinen Mitmenschen wie dich selbst.

Lukas 10, 27

Wenn der Heilige Geist ein Herz in Schwingungen versetzt, ist die Folge eine neue Leidenschaft für den Dienst.

Und wir wollen aufeinander achtgeben und uns gegenseitig zur Liebe, zu guten Taten anspornen.
Hebräer 10, 24

Kein Lächeln ist so schön wie das, das sich durch Tränen kämpfen mußte.

Bestimmt wird er dich wieder lachen lassen und deinen Mund mit frohem Jubel füllen.

Hiob 8, 21

Bei jedem Sonnenaufgang denke daran, daß dein Leben gerade wieder neu beginnt.

Von Gottes Güte kommt es, daß wir noch leben. Sein Erbarmen ist noch nicht zu Ende, seine Liebe ist jeden Morgen neu und seine Treue unfaßbar groß.

Klagelieder 3, 22-23

Es ist besser, etwas zu vergeben und zu vergessen als sich darüber zu ärgern und sich ständig daran zu erinnern.

Vergib uns unsere Schuld, wie auch wir jedem verzeihen, der uns Unrecht getan hat.

Matthäus 6, 12

Die Zunge, die sich auf glitschigen Boden begibt, wird darauf ausrutschen.

Ebenso ist es mit der Zunge: Sie ist nur klein und bringt doch gewaltige Dinge fertig. Denkt daran, wie klein die Flamme sein kann, die einen großen Wald in Brand setzt!

Jakobus 3, 5

Deine Gedanken bestimmen die Dinge. Entweder du schaffst es oder du zerstörst selbst den möglichen Erfolg.

Richtet eure Gedanken auf das, was schon bei euren Mitmenschen als rechtschaffen, ehrbar und gerecht gilt, was rein, liebenswert und ansprechend ist, auf alles, was Tugend heißt und Lob verdient.

Philipper 4, 8

Erst mit dem letzten Schritt im Rennen wirst du die Ziellinie überschreiten.

Du meinst sicher zu stehen? Gib acht, daß du nicht fällst!

1. Korinther 10, 12

Seine Arbeit gewissenhaft zu erledigen ist besser als irgendeinen Glücksbringer mit sich herumzutragen.

Viele reden von ihrer Treue; aber finde mal einen Menschen, auf den Verlaß ist!

Sprüche 20, 6

Die Seele wird niemals einen Regenbogen erblicken, es sei denn durch Tränen in den Augen.

Wäre doch mein Kopf ein Brunnen, wären meine Augen Tränenquellen ...

Jeremia 8, 23

Starke Seelen haben einen Willen, schwache dagegen nur Wünsche.

Ich komme bald. Haltet fest, was ihr habt, sonst bekommen andere den Siegerkranz.

Offenbarung 3, 11

Sieh den Tag als verloren an, wenn du nichts Wertvolles zustande gebracht hast.

Meine Brüder und Schwestern, was hat es für einen Wert, wenn jemand behauptet: „Ich vertraue auf Gott, ich habe Glauben!", aber er hat keine guten Taten vorzuweisen? Kann der bloße Glaube ihn retten?

Jakobus 2, 14

Bitte Gott um Hilfe, aber rudere von den Klippen weg.

Doch wenn seine Treuen rufen, hört er sie und rettet sie aus jeder Bedrängnis.

Psalm 34, 18

Manche schleichen sich durchs Leben,
andere trampeln jede Blume nieder.

Alle sollen sehen, wie freundlich und gütig ihr zueinander seid.

Philipper 4, 5

Ein Kind sieht gerne in Gott den Vater, wenn es Gott in seinem Vater sehen kann.

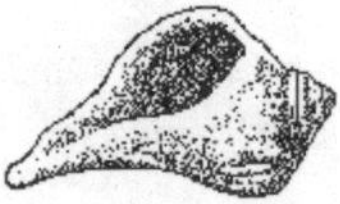

Die Alten sind stolz auf ihre Enkel und die Kinder auf ihre Väter.

Sprüche 17, 6

Keine Arbeit auf der Welt kostet soviel wie die Arbeit einer Mutter.

Jesus kehrte mit seinen Eltern nach Nazaret zurück und gehorchte ihnen willig. Seine Mutter aber bewahrte das alles in ihrem Herzen.

Lukas 2, 51

Gott sieht unsere Zukunft viel besser und klarer als wir unsere Vergangenheit.

Die Schafe erkennen seine Stimme; er ruft die, die ihm gehören, einzeln beim Namen und führt sie ins Freie. Wenn sie alle draußen sind, geht er vor ihnen her, und sie folgen ihm, weil sie seine Stimme kennen.

Johannes 10, 3-4

Ein wahrer Freund ist wie der Schatten eines großen Baumes in der Mittagshitze.

Ein Freund steht allezeit zu dir, auch in Notzeiten hilft er dir wie ein Bruder.

Sprüche 17, 17

Einen weisen Menschen erkennt man leichter an dem, was er nicht sagt, als daran, was er sagt.

Wenn du wirklich etwas gelernt hast, gehst du sparsam mit deinen Worten um. Ein Mensch, der sich beherrschen kann, zeigt, daß er Verstand hat.

Sprüche 17, 27

Je nachlässiger (fauler) wir heute sind, desto mehr haben wir morgen zu tun.

Für die Faulen ist jeder Weg mit Dornen versperrt; Tüchtige finden immer eine gebahnte Straße.

Sprüche 15, 19

Der Anfang ist die Hälfte vom Ganzen.

Ich bin ganz sicher: Gott wird sein Werk, das er bei euch angefangen hat, auch vollenden, bis zu dem Tag, an dem Jesus Christus kommt.

Philipper 1, 6

Wenn das Leben schreibt: „Das war's!", setzen die Engel darunter: „Jetzt fängt's erst wirklich an!"

Wer mich annimmt, wird leben, auch wenn er stirbt …

Johannes 11, 25

Lieder sind die Freudenausbrüche des Herzens.

Darum will ich dich preisen, Herr, und deinen Ruhm besingen unter den Völkern.

2. Samuel 22, 50

Die Liebe ist wie eine Bank. Je mehr du dort anlegst, desto größer ist dein Interesse, was damit geschieht.

Ich habe euch ein Beispiel gegeben, damit auch ihr so handelt, wie ich an euch gehandelt habe.

Johannes 13, 15

Es wird kein Regenbogen entstehen, wenn es nicht vorher geregnet hat.

So erweist ihr euch als Kinder eures Vaters im Himmel. Denn er läßt seine Sonne scheinen auf böse Menschen wie auf gute, und er läßt es regnen auf alle, ob sie ihn ehren oder verachten.

Matthäus 5, 45

Die wichtigste Aufgabe eines Christen ist sicherzustellen, daß er keinem anderen Stolpersteine in den Weg legt.

Wer einen dieser kleinen, unbedeutenden Menschen, die mir vertrauen, an mir irre werden läßt, der käme noch gut weg, wenn er mit einem Mühlstein um den Hals ins Meer geworfen würde.

Markus 9, 42

Einige mögen dumm geboren sein, aber die meisten von uns sind es erst durch hartes Training geworden.

Die Worte eines unverbesserlichen Narren sind sein Untergang; was er sagt, wird ihm selber zur tödlichen Falle.

Sprüche 18, 7

Golgatha hat den Menschen das Erbe wiederbeschafft.

Gott hat die Menschen so sehr geliebt, daß er seinen einzigen Sohn hergab. Nun werden alle, die sich auf den Sohn Gottes verlassen, nicht zugrunde gehen, sondern ewig leben.

Johannes 3, 16

Der Hauptgrund, warum unser Herr möchte, daß wir uns keine Sorgen um unsere Zukunft machen, ist, daß sie in seinen Händen liegt.

Erschreckt nicht, habt keine Angst ... Im Haus meines Vaters gibt es viele Wohnungen, und ich gehe jetzt hin, um dort einen Platz für euch bereitzumachen. Sonst hätte ich euch doch nicht mit der Ankündigung beunruhigt, daß ich weggehe.

Johannes 14, 1-2

Der beste Weg, in dieser Welt zu leben, ist, über den Dingen zu stehen.

Liebt nicht die Welt und das, was zu ihr gehört! Wer die Welt liebt, in dessen Herz gibt es keine Liebe zum Vater.

1. Johannes 2, 15

Deine Kirche mag dir den Weg zum Himmel weisen, erwarte aber nicht, daß sie dich auch noch dorthin bringt.

Wer hat Zutritt zum Berg des Herrn? Was für Menschen dürfen den heiligen Boden betreten? Nur Menschen, die unschuldige Hände haben und ein reines Gewissen ...

Psalm 24, 3-4

Andere Namen für Fehler: Zögern, morgen, zu beschäftigt, gut genug, nichts für mich.

Laßt Jesus Christus, den Herrn, euer ganzes Handeln bestimmen, und hätschelt nicht eure alte selbstsüchtige Natur, damit die Begierden keine Macht über euch gewinnen.

Römer 13, 14

Der Mensch weiß wenig über die Wirkung seines eigenen Lebens.

Wer von euch etwas Besonderes sein will, der soll den anderen dienen.

Markus 10, 43

Der Ursprung unaussprechlichen Leides sind oft einfache Mißverständnisse.

Erinnere alle, die in der Gemeinde Verantwortung tragen, an dieses Wort und beschwöre sie bei Gott, daß sie sich vor der Gemeinde nicht in fruchtlose Diskussionen einlassen, die den Zuhörenden nur Schaden bringen.

2. Timotheus 2, 14

Christus in gesetzlicher Weise zu dienen ist eine unangenehme Pflicht. Mit Liebe zu dienen ist dagegen ein Vergnügen.

Denn die Liebe, die Christus uns erwiesen hat, bestimmt mein ganzes Handeln.

2. Korinther 5, 14

Ein einziges Leben kann die gesamte Gesellschaft beeinflussen, genauso wie eine einzige Blume den ganzen Raum mit einem schönen Duft erfüllen kann.

Die Einsichtigen werden leuchten wie der taghelle Himmel, und alle, die anderen den rechten Weg gezeigt haben, werden glänzen wie die Sterne für ewige Zeiten.

Daniel 12, 3

Ein Mann kann ein Haus zwar kaufen, aber nur eine Frau wird daraus ein Zuhause machen.

Eine tüchtige Frau ist das kostbarste Juwel, das einer finden kann. ... Alles, was im Haus geschieht, behält sie im Auge.

Sprüche 31, 10. 27

Die sogenannten „unschuldigen Vergnügungen“ der Welt sind in Wirklichkeit nur Tricks, um Gott zu vergessen.

Wenn es euch dann gut geht und ihr euch satt essen könnt, dann gebt acht, daß ihr den Herrn nicht vergeßt.

5. Mose 6, 11-12

Von allen Dingen, die du trägst, ist dein Gesichtsausdruck das Wichtigste.

Durch deine Nähe erfüllst du ihn mit Freude.

Psalm 21, 7

Der Erfolg liegt nicht in den Dingen, die wir beginnen, sondern in denen, die wir zu Ende bringen.

Wir wollen nicht müde werden zu tun, was gut und recht ist. Wenn die Zeit da ist, werden wir auch die Ernte einbringen; wir dürfen nur nicht aufgeben.

Galater 6, 9

Der Glaube ist die Sehkraft des Herzens. Er sieht Gott sowohl in der dunklen Nacht als auch am hellichten Tag.

Wer durch vertrauenden Glauben vor Gott als gerecht gilt, wird leben.

Römer 1, 17

Versuche, deinen Namen in Herzen zu meißeln, nicht in Marmor.

Ihr, die ihr Gott verehrt, kommt alle her! Ich muß euch erzählen, was er für mich getan hat.

Psalm 66, 16

Bevor du einen anderen Menschen mit deinen Sorgen zudeckst, frage dich, ob du bereit bist, auch auf seine zu hören.

Wer antwortet, bevor er zugehört hat, zeigt seinen Unverstand und wird nicht ernst genommen.

Sprüche 18, 13

Wer sich zu Christus hingezogen fühlt, ist damit auch zu seinem Nächsten hingezogen.

Leben wir aber im Licht, so wie Gott im Licht ist, dann haben wir Gemeinschaft miteinander.

1. Johannes 1, 7

Gott befiehlt uns, heute unser Kreuz zu tragen, damit wir später Kronen tragen können.

Allen, die durchhalten und den Sieg erringen, werde ich das Vorrecht geben, mit mir auf meinem Thron zu sitzen, so wie ich selbst den Sieg errungen habe und nun mit meinem Vater auf seinem Thron sitze.

Offenbarung 3, 21

Mit dem Neid ist es genauso wie mit kleinen Babys. Er wird größer, wenn er Nahrung bekommt.

Klagt nicht übereinander, sonst muß Gott euch verurteilen.

Jakobus 5, 9

Die Spuren, die du in deinen Kindern hinterläßt, sind wichtiger als die Dinge, die du ihnen aus deinem Besitz hinterläßt.

Kinder sind ein Geschenk des Herrn, mit ihnen belohnt er die Seinen.

Psalm 127, 3

Lehne dich an Jesus an, wenn du ein aufrechtes Leben führen willst.

Sich vor Menschen fürchten bringt Gefahr; auf Gott vertrauen bringt Sicherheit.

Sprüche 29, 25

Das reuige Gebet ist eine Waffe, die Satan nicht kopieren kann.

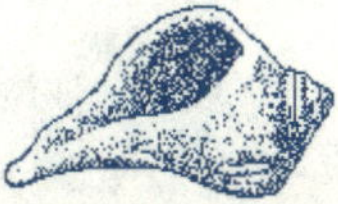

Ich sage euch: Genauso freuen sich die Engel Gottes über einen einzigen Sünder, der ein neues Leben anfängt.

Lukas 15, 10

Die Kronen, die wir Jesus vor die Füße legen wollen, müssen alle auf der Erde erworben werden.

Die Leiden, die ich jetzt ertragen muß, wiegen nicht schwer und gehen vorüber. Sie werden mir eine Herrlichkeit bringen, die alle Vorstellungen übersteigt und kein Ende hat.

2. Korinther 4, 17

Wenn wir unsere Herzen für Jesus öffnen, wird Gott unsere Gedanken für seine Welt öffnen.

Menschen, die sich auf ihre natürlichen Fähigkeiten verlassen, lehnen ab, was der Geist Gottes enthüllt. Es kommt ihnen unsinnig vor. Sie können nichts damit anfangen, weil es nur mit Hilfe des Geistes beurteilt werden kann.

1. Korinther 2, 14

Es gibt nur einen Platz auf dieser Welt, an dem wir alle Sorgen los sind: das Grab.

(Beecher)

Darum, meine lieben Brüder und Schwestern, werdet fest und unerschütterlich in eurem Glauben und tut stets euer Bestes für die Sache des Herrn. Ihr wißt, daß der Herr euren Einsatz belohnen wird.

1. Korinther 15, 58

Eine Arbeit, die von ganzem Herzen getan wurde, gelingt in den meisten Fällen.

Alles, was ihr tut, tut von Herzen, alles von Herzen, als Leute, die dem Herrn und nicht Menschen dienen ... Dient mit eurem Tun Christus, dem Herrn!

Kolosser 3, 23-24

Die Zeit schlägt man am besten tot, indem man sich zu Tode arbeitet.

Und Gott segnete den siebten Tag und erklärte ihn zu einem heiligen Tag, der ihm gehört, denn an diesem Tag ruhte Gott, nachdem er sein Schöpfungswerk vollbracht hatte.

1. Mose 2, 3

Der einfachste Weg, die Versuchung nicht größer werden zu lassen, ist, sie im Keim zu ersticken.

Bleibt wach und betet, damit ihr in der kommenden Prüfung nicht versagt. Der Geist in euch ist willig, aber eure menschliche Natur ist schwach.

Markus 14, 38

Wie groß unsere Treue ist, zeigt sich nicht in dem, was wir vollbringen, sondern darin, was wir erleiden können.

Habt keine Angst wegen der Dinge, die ihr noch erleiden müßt ... Haltet in Treue durch, auch wenn es euch das Leben kostet. Dann will ich euch als Siegespreis ewiges Leben schenken.

Offenbarung 2, 10

Es ist gut in den Fußspuren eines Pastors zu gehen, der in den Fußspuren seines Meisters geht.

Der Herr hat Freude an einem redlichen Menschen und lenkt alle seine Schritte.

Psalm 37, 23

Wenn du drauf und dran bist, mit jemandem die Geduld zu verlieren, halte inne und denke daran, wie geduldig Gott mit dir gewesen ist.

Wer liebt, ist geduldig und gütig.

1. Korinther 13, 4

Große Ergebnisse werden nicht auf einmal erzielt, sondern genauso, wie wir gehen – Schritt für Schritt.

Der Herr richte euer ganzes Denken und Wollen darauf, daß ihr Gott liebt und standhaft zu Christus haltet.

2. Thessalonicher 3, 5

Jeder Schritt im Leben vibriert vor Möglichkeiten, und jeder Meter steckt voller Zukunft.

Ich habe mich an deinen Weg gehalten und bin nicht einen Schritt davon gewichen.

Psalm 17, 5

Das Fundament des Universums ist: Nehmen ist seliger als geben.

Wo Eifersucht und Streit herrschen, gibt es Unordnung und jede Art von Gemeinheit. Aber die Weisheit von oben ist zuerst einmal rein und klar; sodann ist sie freundlich, nachgiebig, zum Frieden bereit. Sie ist voller Erbarmen und bringt viele gute Taten hervor. Sie kennt weder Vorurteil noch Verstellung.

Jakobus 3, 16-17

Das Leben ist eine Reihenfolge von Lektionen, die durchlebt werden müssen, um verstanden zu werden.

Freuen dürfen sich alle, die nur noch von Gott etwas erwarten – mit Gott werden sie leben in seiner neuen Welt.

Matthäus 5, 6

Wir gewinnen Kraft aus den Versuchungen, denen wir widerstehen.

Leistet dem Teufel Widerstand, und er wird vor euch fliehen.

Jakobus 4, 7

Kein Charakterzug ist wertvoller als einfache Demut.

Wenn du dich selbst groß machst, wird Gott dich demütigen. Wenn du dich selbst geringachtest, wird Gott dich zu Ehren bringen.

Lukas 14, 11

Es kommt gar nicht darauf an, wo wir gerade stehen. Wichtiger ist die Richtung, in die wir gehen werden.

Seid mutig und entschlossen! Habt keine Angst! Erschreckt nicht vor ihnen. Der Herr, euer Gott, wird selbst mit euch ziehen. Er wird euch gewiß nicht im Stich lassen.

5. Mose 31, 6

Zum Gewinnen braucht man kein Glück, sondern Mut, keine frommen Wünsche, sondern Rückgrat.

Haltet durch, dann werdet ihr das wahre Leben gewinnen!

Lukas 21, 19

Ein Mensch wird morgen so sein, wie er heute von sich denkt.

Richtet also eure Gedanken nach oben und nicht auf die irdischen Dinge!

Kolosser 3, 2

Die Dunkelheit kann das Licht nicht auslöschen. Sie wird nur bewirken, daß es um so heller erstrahlt.

Das Licht strahlt in der Dunkelheit, aber die Dunkelheit hat sich ihm verschlossen.

Johannes 1, 5

Gott hat unsere Gesichter rund geschaffen, nur wir selbst können daraus ein langes Gesicht machen.

Wenn ihr fastet, dann setzt keine Leidensmiene auf wie die Scheinheiligen. Sie machen ein saures Gesicht, damit alle Welt merkt, daß sie fasten. Ich versichere euch: Sie haben ihren Lohn schon kassiert.

Matthäus 6, 16

Je älter wir werden, desto mehr erhalten wir das Ansehen, das wir verdienen.

Freude zeigt sich am strahlenden Gesicht, Kummer legt sich aufs Gemüt.

Sprüche 15, 13

Wenn es darauf ankäme, wie oft ein Mensch die Kirche besucht hat, wären später nur wenige Menschen im Himmel.

Wenn wir behaupten, Gemeinschaft mit Gott zu haben, und gleichzeitig im Dunkeln leben, dann lügen wir, und tun nicht, was der Wahrheit entspricht.

1. Johannes 1, 6

Einigen Menschen wird schwindelig, weil sie sich immer nur im Kreise drehen.

Ihr seid von Gott erwählt, der euch liebt und zu seinem heiligen Volk gemacht hat. Darum zieht nun wie eine neue Bekleidung alles an, was den neuen Menschen ausmacht: herzliches Erbarmen, Freundlichkeit, Bescheidenheit, Milde, Geduld.

Kolosser 3, 12

Der sicherste Weg zu erfrieren ist, nur in sich selbst gehüllt zu sein.

Hochmütige werden gedemütigt; aber wer nicht hoch von sich denkt, kommt zu Ehren.

Sprüche 29, 23

Der einzige Weg, wie manche Menschen in Bewegung geraten, ist, sich Bouquets hinterherzuwerfen.

Alle, die nicht nach Gott gefragt haben ..., machen große Worte und sagen den Menschen Schmeicheleien, um sich Vorteile zu verschaffen.

Judas 15-16

Es gibt zwei schwierige Aufgaben im Leben. Die erste ist, sich einen guten Namen zu machen. Die zweite ist, ihn auch zu behalten.

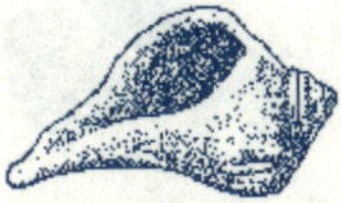

Ein guter Ruf ist besser als großer Reichtum; Liebenswürdigkeit hilft weiter als Silber und Gold.

Sprüche 22, 1

Jeder von uns sollte einen großen Friedhof haben, um all die Fehler unserer Freunde dort zu begraben.

Vor allem laßt nicht nach in der Liebe zueinander. Denn die Liebe macht viele Sünden wieder gut.

1. Petrus 4, 8

Es fällt anderen viel leichter, deinen Fußspuren zu folgen als deinen Anweisungen.

Jesus ging weiter und sah einen Zolleinnehmer an der Zollstelle sitzen. Er hieß Matthäus. Jesus sagte zu ihm: „Komm, folge mir!" Und Matthäus stand auf und folgte ihm.

Matthäus 9, 9

Wenn ein Herz sich bekehrt, betrifft das auch die Brieftasche.

Wer Gott die Treue hält, kann geben und großzügig sein.

Sprüche 21, 26

Gib nicht nur vom Überfluß deines Geldes, sondern aus der Tiefe deines Herzens.

Die haben alle nur etwas von ihrem Überfluß abgegeben. Aber diese arme Witwe hat alles hergegeben, was sie selbst dringend zum Leben gebraucht hätte.

Lukas 21, 4

Gott verlangt ganze Herzen, aber er wiegt die zerbrochenen.

Er heilt alle, deren Herz zerrissen ist, und verbindet ihre Wunden.

Psalm 147, 3

Die Begeisterung eines Menschen ist sein größtes Betriebskapital.

Werdet im Eifer nicht nachlässig, sondern laßt euch von Gottes Geist entflammen. Dient in allem Christus, dem Herrn.

Römer 12, 11

Die Wolken mögen die Sonnenstrahlen verbergen, sie können aber niemals die Sonne außer Kraft setzen.

In Zukunft brauchst du nicht mehr die Sonne als Licht für den Tag ... denn ich der Herr, dein Gott, werde für immer dein Licht sein ...

Jesaja 60, 19

Der Mut ist wie ein Anker. Den einen hält er fest an einem Ort, dem anderen verhilft er, weiterzuklettern.

Liebt den Herrn, ihr, die ihr ihm gehört; denn er schützt alle, die ihm die Treue halten.

Psalm 31, 24

Die Deutsche Bibliothek - CIP-Einheitsaufnahme

Fishback Powers, Margaret:
In seinen Spuren gehen : von der Autorin des weltbekannten Gedichtes „Spuren im Sand“ / Margaret Fishback Powers. [Aus dem Amerikan. von Stephan Volke]. - 2. Aufl. - Moers : Brendow, 1998
(Edition C : C ; 514)
Einheitssacht.: Life's little inspiration book <dt.>
ISBN 3-87067-720-1

2. Auflage 1998
ISBN 3-87067-720-1
Edition C, C 514

Originally published in English by HarperCollinsPublishers Ltd under the title: LIFE'S LITTLE INSPIRATION BOOK: Timeless Wisdom For Everyday Living by Margaret Fishback Powers.

Einbandgestaltung: Kortüm + Georg, Agentur für Kommunikation und Gestaltung, Münster
Titelfoto: TCL / Bavaria
Satz: Convertex, Aachen
Druck und Bindung: Brendow Druck, 47443 Moers
Printed in Germany